IL PROFETA

KAHLIL GIBRAN

Titolo originale del libro: The Prophet

Data di prima pubblicazione del libro originale: 1923

Titolo della traduzione: Il Profeta (traduzione italiana)

Autore originale: Kahlil Gibran

Traduttore: anonimo

Editore: TAZIRI

Ringraziamenti: L'editore desidera ringraziare il traduttore anonimo, le cui competenze e sforzi hanno reso possibile la traduzione di questo libro in italiano.

Copertina: © TAZIRI, 2024.
ISBN : 9789982471398

RIEPILOGO

L'ARRIVO DELLE PECORE

ALMUSTAFA, l'eletto e l'amato, che fu l'aurora del suo giorno, aveva atteso dodici anni nella città di Orphalese la sua nave che doveva tornare e riportarlo all'isola della sua nascita.

E nel dodicesimo anno, il settimo giorno di Ielool, il mese della mietitura, salì sulla collina fuori le mura della città e guardò verso il mare; e vide la sua nave arrivare con la nebbia.

Allora le porte del suo cuore si spalancarono, e la sua gioia volò lontano sul mare. E chiuse gli occhi e pregò nel silenzio della sua anima.

Ma mentre discendeva la collina, una tristezza lo prese, e pensò nel suo cuore:

Come potrò andarmene in pace e senza dolore? No, non senza una ferita nell'anima lascerò questa città. Lunghi furono i giorni di sofferenza trascorsi tra le sue mura, e lunghe furono le notti di solitudine; e chi può separarsi dal suo dolore e dalla sua solitudine senza rimpianti?

Troppi frammenti dello spirito ho sparso in queste strade, e troppi sono i figli del mio desiderio che camminano nudi tra queste colline, e non posso ritirarmi da loro senza un peso e un dolore.

Non è una veste che depongo oggi, ma una pelle che strappo con le mie stesse mani.

Né è un pensiero che lascio dietro di me, ma un cuore reso dolce dalla fame e dalla sete.

Eppure non posso più indugiare.

Il mare che chiama tutte le cose a sé chiama anche me, e devo imbarcarmi.

Rimanere, anche se le ore bruciano nella notte, significa congelarsi e cristallizzarsi e restare imprigionato in uno stampo.

Volentieri porterei con me tutto ciò che è qui. Ma come potrei farlo?

Una voce non può portare la lingua e le labbra che le hanno dato ali. Da sola deve cercare l'etere.

E solo e senza il suo nido l'aquila volerà attraverso il sole.

Quando giunse ai piedi della collina, si voltò di nuovo verso il mare, e vide la sua nave avvicinarsi al porto, e sulla sua prua i marinai, gli uomini della sua terra.

E la sua anima gridò verso di loro, e disse:

Figli della mia antica madre, cavalieri delle maree,

Quante volte avete navigato nei miei sogni. Ed ora venite nel mio risveglio, che è il mio sogno più profondo.

Sono pronto a partire, e il mio ardore con le vele gonfie attende il vento.

Solo un altro respiro prenderò in questa aria ferma, solo un altro sguardo amorevole lanciato all'indietro,

E poi sarò tra voi, un marinaio tra i marinai. E tu, vasto mare, madre insonne,

Che sola sei pace e libertà per il fiume e il ruscello,

Solo un'altra curva farà questo ruscello, solo un altro mormorio in questo boschetto,

E poi verrò a te, una goccia senza confini per un oceano senza confini.

Mentre camminava, vide da lontano uomini e donne che lasciavano i loro campi e le loro vigne e si affrettavano verso le porte della città.

E sentì le loro voci chiamare il suo nome, e gridare da campo a campo raccontandosi l'un l'altro dell'arrivo della sua nave.

E disse a sé stesso:

Sarà il giorno della separazione il giorno del raduno?

E si dirà che la mia sera fu in verità la mia alba?

E cosa darò a colui che ha lasciato l'aratro a metà solco, o a colui che ha fermato la ruota del suo torchio? Il mio cuore diventerà un albero carico di frutti che io possa raccogliere e dare loro?

E i miei desideri fluiranno come una fontana per riempire le loro coppe?

Sono forse un'arpa che la mano del potente può toccare, o un flauto che il suo soffio può attraversare?

Un cercatore di silenzi sono io, e quale tesoro ho trovato nei silenzi che possa dispensare con fiducia?

Se questo è il mio giorno di raccolta, in quali campi ho seminato il seme, e in quali stagioni dimenticate?

Se questa è davvero l'ora in cui solleverò la mia lanterna, non è la mia fiamma che brucerà in essa.

Vuota e oscura solleverò la mia lanterna,

E il custode della notte la riempirà d'olio e l'accenderà anche lui.

Queste cose le disse a parole. Ma molto rimase non detto nel suo cuore. Poiché egli stesso non poteva parlare del suo segreto più profondo.

E quando entrò nella città, tutto il popolo venne a incontrarlo, e gridavano a lui come con una sola voce.

E gli anziani della città si fecero avanti e dissero:

Non partire ancora da noi.

Un mezzogiorno sei stato nel nostro crepuscolo, e la tua giovinezza ci ha donato sogni da sognare.

Non sei uno straniero tra noi, né un ospite, ma nostro figlio e nostro caro amato.

Non permettere che i nostri occhi soffrano la fame per il tuo volto.

E i sacerdoti e le sacerdotesse gli dissero:

Non permettere ora che le onde del mare ci separino, e che gli anni trascorsi tra noi diventino un ricordo.

Hai camminato tra noi come uno spirito, e la tua ombra è stata una luce sui nostri volti.

Ti abbiamo amato molto. Ma il nostro amore era senza parole, e con veli è stato velato.

Eppure ora grida a te, e vorrebbe rivelarsi davanti a te.

E sempre è stato che l'amore non conosce la sua profondità fino all'ora della separazione.

Anche altri vennero a supplicarlo. Ma egli non rispose loro. Piegò solo il capo; e coloro che gli stavano vicino videro le sue lacrime cadere sul petto.

E lui e il popolo si avviarono verso la grande piazza davanti al tempio.

E dal santuario uscì una donna il cui nome era Almitra. Ed era una veggente.

E lui la guardò con estrema tenerezza, poiché era stata lei la prima a cercarlo e a credere in lui quando era stato solo un giorno nella loro città. E lei lo salutò dicendo:

Profeta di Dio, in cerca dell'estremo, hai a lungo cercato le distanze per la tua nave.

E ora la tua nave è arrivata, e devi necessariamente partire.

Profondo è il tuo desiderio per la terra dei tuoi ricordi e il luogo dove abitano i tuoi desideri più grandi; e il nostro amore non ti vincolerebbe né i nostri bisogni ti tratterrebbero.

Eppure ti chiediamo questo prima che ci lasci: parlaci e donaci la tua verità.

E la daremo ai nostri figli, e loro ai loro figli, e non perirà.

Nella tua solitudine hai vegliato con i nostri giorni, e nella tua veglia hai ascoltato il pianto e il riso del nostro sonno.

Ora dunque rivelaci a noi stessi, e raccontaci tutto ciò che ti è stato mostrato di ciò che sta tra la nascita e la morte.

E lui rispose,

Popolo di Orphalese, di che posso parlarvi se non di ciò che sta muovendosi ora nelle vostre anime?

SULL'AMORE

Allora Almitra disse: Parlaci dell'Amore.

E lui alzò il capo e guardò il popolo, e cadde su di loro un silenzio. E con grande voce disse:

Quando l'amore vi chiama, seguitelo,

Sebbene le sue vie siano dure e scoscese.

E quando le sue ali vi avvolgono, abbandonatevi a lui,

Sebbene la spada nascosta tra le sue piume possa ferirvi.

E quando vi parla, credetegli,

Sebbene la sua voce possa frantumare i vostri sogni come il vento del nord devasta il giardino.

Poiché proprio come l'amore vi incorona, così vi crocifiggerà. Come è per la vostra crescita, così è anche per la vostra potatura.

Come ascende alla vostra altezza e accarezza i vostri rami più teneri che tremano al sole,

Così scenderà alle vostre radici e le scuoterà nella loro presa sulla terra.

Come covoni di grano vi raccoglie a sé.

Vi batte per rendervi nudi.

Vi vaglia per liberarvi dalle bucce.

Vi macina fino alla bianchezza.

Vi impasta finché non siete docili;

E poi vi assegna al suo sacro fuoco, affinché possiate diventare pane sacro per la sacra festa di Dio.

Tutte queste cose farà l'amore in voi, affinché possiate conoscere i segreti del vostro cuore, e in quella conoscenza diventare un frammento del cuore della Vita.

Ma se nella vostra paura cercherete solo la pace e il piacere dell'amore,

Allora è meglio per voi coprire la vostra nudità e uscire dall'aia dell'amore,

Nel mondo senza stagioni dove riderete, ma non tutto il vostro riso, e piangerete, ma non tutte le vostre lacrime.

L'amore non dà nulla se non se stesso e non prende nulla se non da se stesso.

L'amore non possiede né vorrebbe essere posseduto;

Poiché l'amore basta all'amore.

Quando amate, non dite: "Dio è nel mio cuore," ma piuttosto, "Io sono nel cuore di Dio."

E non crediate di poter dirigere il corso dell'amore, poiché l'amore, se vi trova degni, dirige il vostro corso.

L'amore non ha altro desiderio che realizzare se stesso.

Ma se amate e dovete avere desideri, che questi siano i vostri desideri:

Sciogliersi e essere come un ruscello che canta la sua melodia alla notte.

Conoscere il dolore di troppa tenerezza.

Essere feriti dalla vostra stessa comprensione dell'amore;

E sanguinare volentieri e con gioia.

Svegliarsi all'alba con un cuore alato e rendere grazie per un altro giorno di amore;

Riposare nell'ora del meriggio e meditare sull'estasi dell'amore;

Tornare a casa al vespro con gratitudine;

E poi dormire con una preghiera per l'amato nel cuore e un canto di lode sulle labbra.

SUL MATRIMONIO

Allora Almitra parlò ancora e disse: E del Matrimonio, maestro?

Ed egli rispose, dicendo:

Siete nati insieme, e insieme sarete per sempre.

Sarete insieme quando le bianche ali della morte disperderanno i vostri giorni.

Sì, sarete insieme anche nella silenziosa memoria di Dio.

Ma lasciate che vi siano spazi nella vostra unione,

E lasciate che i venti dei cieli danzino tra voi.

Amatevi l'un l'altro, ma non fate dell'amore un vincolo:

Lasciatelo piuttosto essere un mare in movimento tra le rive delle vostre anime.

Riempite l'uno la coppa dell'altro, ma non bevete dalla stessa coppa.

Datevi l'un l'altro del vostro pane, ma non mangiate dallo stesso pezzo.

Cantate e danzate insieme e siate gioiosi, ma lasciate che ciascuno di voi sia solo,

Come le corde di un liuto sono sole benché vibrino con la stessa musica.

Donate i vostri cuori, ma non l'uno nella custodia dell'altro.

Poiché solo la mano della Vita può contenere i vostri cuori.

E state insieme, ma non troppo vicini:

Poiché le colonne del tempio stanno separate,

E la quercia e il cipresso non crescono l'uno all'ombra dell'altro.

SUI BAMBINI

E una donna che teneva un bambino al petto disse: Parlaci dei Figli.

Ed egli disse:

I vostri figli non sono i vostri figli.

Sono i figli e le figlie del desiderio della Vita per sé stessa.

Vengono attraverso di voi ma non da voi,

E benché siano con voi, non vi appartengono.

Potete dar loro il vostro amore ma non i vostri pensieri,

Poiché essi hanno i loro pensieri.

Potete ospitare i loro corpi ma non le loro anime,

Poiché le loro anime dimorano nella casa del domani, che voi non potete visitare, nemmeno nei vostri sogni.

Potete sforzarvi di essere come loro, ma non cercate di renderli come voi.

Poiché la vita non torna indietro né indugia con il giorno passato.

Voi siete gli archi dai quali i vostri figli come frecce viventi sono lanciati.

L'Arciere vede il bersaglio sul sentiero dell'infinito, e vi tende con la Sua forza affinché le Sue frecce vadano rapide e lontane.

Lasciate che il vostro piegarvi nella mano dell'Arciere sia per la gioia;

Poiché come ama la freccia che vola, così ama anche l'arco che è stabile.

SUL DARE

Allora un uomo ricco disse: Parlaci del Donare.

Ed egli rispose:

Date poco quando date dei vostri beni.

È quando date voi stessi che davvero date.

Che cosa sono i vostri beni se non cose che conservate e custodite per timore di averne bisogno domani?

E che cosa porta il domani al cane troppo prudente che seppellisce ossa nella sabbia senza sentiero mentre segue i pellegrini verso la città santa?

E cos'è la paura del bisogno se non il bisogno stesso?

Non è forse il timore della sete, quando il vostro pozzo è pieno, la sete inestinguibile?

Vi sono coloro che danno poco del molto che possiedono – e lo danno per riconoscenza, e il loro desiderio nascosto rende i loro doni corrotti.

E vi sono coloro che hanno poco e danno tutto.

Questi sono i credenti nella vita e nella sua generosità, e il loro forziere non è mai vuoto.

Vi sono coloro che danno con gioia, e quella gioia è la loro ricompensa.

E vi sono coloro che danno con dolore, e quel dolore è il loro battesimo.

E vi sono coloro che danno senza provare dolore nel donare, né cercano gioia, né danno con consapevolezza della virtù;

Essi danno come nella valle laggiù il mirto esala il suo profumo nello spazio.

Attraverso le mani di tali persone Dio parla, e da dietro i loro occhi Egli sorride alla terra.

È bene dare quando si è richiesti, ma è meglio dare non richiesti, attraverso la comprensione;

E alla mano aperta, la ricerca di chi riceverà è gioia più grande del donare.

E c'è forse qualcosa che vorreste trattenere?

Tutto ciò che avete sarà un giorno donato;

Perciò date ora, affinché la stagione del donare sia vostra e non dei vostri eredi.

Spesso dite: "Vorrei dare, ma solo a chi lo merita."

Gli alberi del vostro frutteto non dicono così, né i greggi nei vostri pascoli.

Essi danno affinché possano vivere, poiché trattenere significa perire.

Sicuramente chi è degno di ricevere i suoi giorni e le sue notti è degno di tutto il resto da voi.

E chi ha meritato di bere dall'oceano della vita merita di riempire la sua coppa dal vostro piccolo ruscello.

E quale merito sarà più grande, se non quello che giace nel coraggio e nella fiducia, anzi nella carità, del ricevere?

E chi siete voi perché gli uomini dovrebbero squarciare il loro petto e rivelare il loro orgoglio, affinché possiate vedere il loro valore nudo e il loro orgoglio senza vergogna?

Vedete prima che voi stessi meritiate di essere donatori, e strumenti del donare.

Perché in verità è la vita che dona alla vita – mentre voi, che vi credete donatori, non siete che testimoni.

E voi che ricevete – e tutti siete riceventi – non assumete peso di gratitudine, affinché non poniate un giogo su di voi e su colui che dona.

Piuttosto alzatevi insieme al donatore sui suoi doni come su ali;

Poiché essere troppo consapevoli del vostro debito è dubitare della sua generosità, che ha la terra dal cuore libero per madre, e Dio per padre.

SUL MANGIARE E SUL BERE

Allora un vecchio, un locandiere, disse: Parlaci del Mangiare e del Bere.

Ed egli disse:

Vorrei che poteste vivere del profumo della terra e, come una pianta aerea, essere nutriti dalla luce.

Ma poiché dovete uccidere per mangiare, e sottrarre ai neonati il latte della madre per placare la vostra sete, fate che ciò sia un atto di venerazione,

E che la vostra mensa sia un altare su cui i puri e gli innocenti della foresta e della pianura siano sacrificati a ciò che è più puro e innocente nell'uomo.

Quando uccidete una bestia, dite a essa nel vostro cuore:

"Dalla stessa forza che ti abbatte, anch'io sono abbattuto; e anch'io sarò consumato.

Poiché la legge che ti consegna nelle mie mani, mi consegnerà a una mano più possente.

Il tuo sangue e il mio sangue non sono altro che la linfa che alimenta l'albero del cielo."

E quando frantumate una mela con i denti, ditele nel vostro cuore:

"I tuoi semi vivranno nel mio corpo,

E i germogli del tuo domani fioriranno nel mio cuore,

E il tuo profumo sarà il mio respiro, e insieme gioiremo in tutte le stagioni."

E in autunno, quando raccogliete l'uva delle vostre vigne per il torchio, dite nel vostro cuore:

"Anch'io sono una vigna, e il mio frutto sarà raccolto per il torchio,

E come il vino nuovo sarò conservato in vasi eterni."

E in inverno, quando attingete il vino, sia nel vostro cuore un canto per ogni coppa;

E nel canto sia un ricordo dei giorni d'autunno, della vigna e del torchio.

SUL LAVORO

Allora un contadino disse: Parlaci del Lavoro.

Ed egli rispose, dicendo:

Voi lavorate per seguire il ritmo della terra e dell'anima della terra.

Poiché essere inerti significa diventare stranieri alle stagioni, e uscire dalla processione della vita che avanza con maestà e orgoglio verso l'infinito.

Quando lavorate siete un flauto nel cui cuore il sussurro delle ore si trasforma in musica.

Chi tra voi vorrebbe essere una canna, muta e silenziosa, quando tutto canta insieme in armonia?

Vi è stato sempre detto che il lavoro è una maledizione e la fatica una sventura.

Ma io vi dico che quando lavorate realizzate una parte del sogno più lontano della terra, che vi è stato assegnato quando quel sogno nacque,

E nel tenervi con il lavoro siete in verità innamorati della vita,

E amare la vita attraverso il lavoro significa essere intimi con il segreto più profondo della vita.

Ma se nel vostro dolore chiamate la nascita un'afflizione e il sostentamento della carne una maledizione scritta sulla vostra fronte, allora vi rispondo che nulla tranne il sudore della vostra fronte laverà via ciò che è scritto.

Vi è stato anche detto che la vita è oscurità, e nella vostra stanchezza voi riecheggiate ciò che i stanchi hanno detto.

Ed io vi dico che la vita è davvero oscurità se non vi è impulso,

E ogni impulso è cieco se non vi è conoscenza,

E ogni conoscenza è vana se non vi è lavoro,

E ogni lavoro è vuoto se non vi è amore;

E quando lavorate con amore vi legate a voi stessi, agli altri e a Dio.

E cos'è lavorare con amore?

È tessere un tessuto con fili tratti dal proprio cuore, come se il vostro amato dovesse indossare quel tessuto.

È costruire una casa con affetto, come se il vostro amato dovesse abitare quella casa.

È seminare semi con tenerezza e mietere la raccolta con gioia, come se il vostro amato dovesse mangiare il frutto.

È infondere in tutte le cose che fate un soffio del vostro spirito,

E sapere che tutti i beati defunti vi stanno intorno e vi osservano.

Spesso ho sentito dire che chi lavora il marmo e trova la forma della propria anima nella pietra è più nobile di chi ara la terra.

E chi afferra l'arcobaleno per posarlo su un panno a somiglianza dell'uomo è più di chi confeziona i sandali per i nostri piedi.

Ma io dico, non nel sonno ma nella veglia del mezzogiorno, che il vento non parla più dolcemente alle grandi querce che all'ultimo dei fili d'erba;

E solo chi trasforma la voce del vento in un canto reso più dolce dal suo amore è grande.

Il lavoro è amore reso visibile.

E se non potete lavorare con amore ma solo con disgusto, è meglio che lasciate il vostro lavoro e vi sediate alla porta del tempio a prendere elemosine da coloro che lavorano con gioia.

Poiché se cuocete il pane con indifferenza, cuocete un pane amaro che sfama solo metà della fame dell'uomo.

E se spremete l'uva con rancore, il vostro rancore distilla un veleno nel vino.

E se cantate come angeli, ma non amate il canto, chiudete le orecchie dell'uomo alle voci del giorno e alle voci della notte.

SULLA GIOIA E SUL DOLORE

Allora una donna disse: Parlaci della Gioia e del Dolore.

Ed egli rispose:

La vostra gioia è il vostro dolore senza maschera.

E il medesimo pozzo da cui sgorga il vostro riso è stato spesso colmo delle vostre lacrime.

E come potrebbe essere altrimenti?

Più profondamente il dolore scava nel vostro essere, più gioia potete contenere.

Non è forse la coppa che tiene il vostro vino la stessa che è stata bruciata nel forno del vasaio?

E non è forse il liuto che calma il vostro spirito lo stesso legno che è stato scavato con coltelli?

Quando siete gioiosi, guardate profondamente nel vostro cuore e scoprirete che è solo ciò che vi ha dato dolore a darvi gioia.

Quando siete addolorati, guardate di nuovo nel vostro cuore, e vedrete che in verità state piangendo per ciò che è stato il vostro diletto.

Alcuni di voi dicono: "La gioia è più grande del dolore," e altri dicono: "No, il dolore è il maggiore."

Ma io vi dico che sono inseparabili.

Insieme vengono, e quando uno siede da solo con voi alla vostra tavola, ricordate che l'altro dorme nel vostro letto.

In verità siete sospesi come bilance tra il vostro dolore e la vostra gioia.

Solo quando siete vuoti siete in equilibrio e in stasi.

Quando il custode del tesoro vi solleva per pesare il suo oro e il suo argento, deve per forza la vostra gioia o il vostro dolore alzarsi o cadere.

SULLE CASE

Allora un muratore si fece avanti e disse: Parlaci delle Case.

Ed egli rispose, dicendo:

Costruite nei vostri sogni un rifugio nel deserto prima di costruire una casa entro le mura della città.

Poiché così come avete il ritorno a casa nel crepuscolo, così anche l'errante dentro di voi, l'eternamente distante e solitario.

La vostra casa è il vostro corpo più ampio.

Cresce nel sole e dorme nella quiete della notte; e non è privo di sogni. La vostra casa non sogna forse? E nei sogni non lascia forse la città per un bosco o una collina?

Vorrei poter raccogliere le vostre case nella mia mano, e come un seminatore spargerle nella foresta e nei prati.

Vorrei che le valli fossero le vostre strade, e i sentieri erbosi i vostri vicoli, affinché vi cerchiate l'un l'altro tra i vigneti, e giungiate con il profumo della terra nei vostri abiti.

Ma queste cose non sono ancora possibili.

Nella loro paura i vostri antenati vi hanno radunati troppo vicini. E quella paura persisterà ancora un po'. Ancora per un po' le mura delle vostre città separeranno i vostri focolari dai vostri campi.

E ditemi, gente di Orphalese, che cosa avete in queste case? E cosa custodite con porte sbarrate?

Avete pace, l'intima urgenza che rivela la vostra forza?

Avete ricordi, le arcate tremolanti che attraversano le vette della mente?

Avete bellezza, che conduce il cuore dalle cose fatte di legno e pietra alla montagna sacra?

Ditemi, avete queste cose nelle vostre case?

O avete solo il conforto, e la brama di conforto, quella cosa furtiva che entra nella casa come ospite, e poi diventa un padrone?

Sì, diventa un domatore, e con uncino e frusta fa burattini dei vostri desideri più grandi.

Benché le sue mani siano di seta, il suo cuore è di ferro.

Vi culla nel sonno solo per stare accanto al vostro letto e deridere la dignità della carne.

Si fa beffe dei vostri sensi sani, e li depone nel piumino come fragili vasi.

In verità, la brama di conforto uccide la passione dell'anima, e poi cammina sorridendo al funerale.

Ma voi, figli dello spazio, voi irrequieti nel riposo, non sarete né intrappolati né domati.

La vostra casa non sarà un'ancora ma un albero maestro.

Non sarà una pellicola lucente che copre una ferita, ma una palpebra che protegge l'occhio.

Non piegherete le vostre ali per passare attraverso le porte, né abbasserete le teste perché non urtino contro il soffitto, né temerete di respirare perché le pareti possano incrinarsi e crollare.

Non abiterete in tombe costruite dai morti per i vivi.

E benché siano magnificenti e splendide, le vostre case non conterranno il vostro segreto né proteggeranno il vostro desiderio.

Poiché ciò che è senza limiti in voi dimora nella dimora del cielo, la cui porta è la nebbia del mattino, e le cui finestre sono i canti e i silenzi della notte.

SUI VESTITI

E il tessitore disse: Parlaci dei Vestiti.

Ed egli rispose:

I vostri vestiti nascondono molto della vostra bellezza, eppure non celano l'indegno.

E benché cerchiate negli abiti la libertà della privacy, potreste trovarvi in essi una bardatura e una catena.

Vorrei che poteste incontrare il sole e il vento con più della vostra pelle e meno dei vostri indumenti,

Poiché il respiro della vita è nella luce del sole e la mano della vita è nel vento.

Alcuni di voi dicono: "È il vento del nord che ha tessuto gli abiti che indossiamo."

E io dico, sì, fu il vento del nord,

Ma il suo telaio fu la vergogna, e i fili furono l'indebolirsi delle fibre.

E quando il suo lavoro fu compiuto, rise nella foresta.

Non dimenticate che la modestia è uno scudo contro l'occhio dell'impuro.

E quando l'impuro non sarà più, che sarà la modestia se non un vincolo e un peso della mente?

E non dimenticate che la terra si compiace di sentire i vostri piedi nudi e che i venti bramano giocare con i vostri capelli.

27

SULL'ACQUISTO E SULLA VENDITA

E un mercante disse: Parlaci del Comprare e del Vendere.

Ed egli rispose e disse:

Per voi la terra offre i suoi frutti, e non vi mancherà nulla se saprete riempire le vostre mani.

È nello scambio dei doni della terra che troverete abbondanza e sarete soddisfatti.

Eppure, a meno che lo scambio non avvenga con amore e giustizia, condurrà solo alcuni alla cupidigia e altri alla fame.

Quando nel mercato vi incontrate, voi lavoratori del mare, dei campi e delle vigne, con i tessitori, i vasai e i raccoglitori di spezie,

Invocate allora lo spirito maestro della terra, che venga in mezzo a voi e santifichi le bilance e i conteggi che pesano valore contro valore.

E non permettete ai vuoti di mani di partecipare ai vostri scambi, poiché venderebbero le loro parole per il vostro lavoro.

A tali uomini dovreste dire:

"Venite con noi nei campi, o andate con i nostri fratelli al mare e gettate le vostre reti;

Poiché la terra e il mare saranno generosi con voi così come lo sono con noi."

E se giungono i cantori, i danzatori e i suonatori di flauto, acquistate anche i loro doni.

Poiché anch'essi sono raccoglitori di frutti e incenso, e ciò che portano, benché fatto di sogni, è nutrimento e veste per la vostra anima.

E prima di lasciare il mercato, assicuratevi che nessuno se ne vada a mani vuote.

Poiché lo spirito maestro della terra non dormirà tranquillo nel vento finché i bisogni del più piccolo di voi non saranno soddisfatti.

SUL CRIMINE E LA

PUNIZIONE

Allora uno dei giudici della città si fece avanti e disse: Parlaci del Crimine e del Castigo.

Ed egli rispose, dicendo:

È quando il vostro spirito vaga nel vento,

Che voi, soli e senza guardia, commettete un torto verso gli altri e quindi verso voi stessi.

E per quel torto commesso dovrete bussare e aspettare per un po' inascoltati alla porta dei beati.

Come l'oceano è il vostro sé divino;

Rimane per sempre incontaminato.

E come l'etere, solleva solo ciò che ha le ali.

Anche come il sole è il vostro sé divino;

Non conosce i sentieri della talpa né cerca le tane del serpente.

Ma il vostro sé divino non dimora solo in voi.

Molto in voi è ancora uomo, e molto in voi non è ancora uomo,

Ma un pigmeo informe che cammina addormentato nella nebbia cercando il suo risveglio.

E dell'uomo che è in voi ora vorrei parlare.

Poiché è lui, e non il vostro sé divino né il pigmeo nella nebbia, che conosce il crimine e il castigo del crimine.

Spesso vi ho sentiti parlare di chi commette un torto come se non fosse uno di voi, ma uno straniero tra voi e un intruso nel vostro mondo.

Ma io dico che così come i santi e i giusti non possono elevarsi al di sopra del più alto che è in ciascuno di voi,

Così i malvagi e i deboli non possono cadere al di sotto del più basso che è in voi tutti.

E come una sola foglia non ingiallisce senza la tacita conoscenza dell'intero albero,

Così chi fa il male non può fare il male senza la volontà nascosta di voi tutti.

Come una processione camminate insieme verso il vostro sé divino.

Voi siete la via e i viandanti.

E quando uno di voi cade, cade per coloro che vengono dietro, un avvertimento contro la pietra d'inciampo.

Sì, e cade per coloro che lo precedono, che benché più veloci e sicuri di passo, non rimossero la pietra.

E questo ancora, benché il peso della parola vi gravi sul cuore:

L'assassinato non è senza colpa per il suo stesso assassinio,

E il derubato non è senza colpa nel suo stesso furto.

Il giusto non è innocente delle azioni del malvagio,

E chi ha mani candide non è puro negli atti del criminale.

Sì, il colpevole è spesso la vittima dell'offeso,

E più spesso ancora il condannato è il portatore del peso per gli innocenti e gli incolpevoli.

Non potete separare il giusto dall'ingiusto e il buono dal malvagio;

Poiché stanno insieme davanti al volto del sole così come il filo nero e il filo bianco sono tessuti insieme.

E quando il filo nero si rompe, il tessitore esaminerà l'intero panno e anche il telaio.

Se qualcuno di voi volesse portare a giudizio la moglie infedele,

Lasci che pesi anche il cuore del marito sulla bilancia e misuri la sua anima con le misure.

E lasci che chi vorrebbe frustare l'offensore guardi nello spirito dell'offeso.

E se qualcuno di voi volesse punire in nome della rettitudine e abbattere l'albero malvagio, lasci che ne osservi le radici;

E in verità troverà le radici del buono e del cattivo, del fruttuoso e dell'infruttuoso, tutte intrecciate insieme nel cuore silenzioso della terra.

E voi giudici che vorreste essere giusti,

Che giudizio pronunciate su colui che benché onesto nella carne è ladro nello spirito?

Quale pena infliggete a colui che uccide nella carne, eppure è egli stesso ucciso nello spirito?

E come perseguite colui che in azione è ingannatore e oppressore,

Eppure è anche egli afflitto e oltraggiato?

E come punirete coloro il cui rimorso è già maggiore dei loro misfatti?

Non è forse il rimorso la giustizia amministrata dalla stessa legge che voi desiderereste servire?

Eppure non potete imporre il rimorso agli innocenti né sollevarlo dal cuore dei colpevoli.

Non invitato esso verrà nella notte, affinché gli uomini si sveglino e contemplino sé stessi.

E voi che vorreste comprendere la giustizia, come potrete farlo se non osservando tutte le azioni nella pienezza della luce?

Solo allora conoscerete che colui che è eretto e colui che è caduto sono un unico uomo che sta in piedi nel crepuscolo tra la notte del suo sé pigmeo e il giorno del suo sé divino,

E che la pietra angolare del tempio non è più alta della pietra più bassa delle sue fondamenta.

SULLE LEGGI

Allora un avvocato disse: Ma che dire delle nostre Leggi, maestro?

Ed egli rispose:

Vi dilettate a stabilire leggi,

E vi dilettate ancora di più a infrangerle.

Come bambini che giocano sulla riva del mare e costruiscono torri di sabbia con costanza per poi distruggerle con risate.

Ma mentre costruite le vostre torri di sabbia, il mare porta altra sabbia alla riva,

E quando le distruggete, il mare ride con voi.

In verità, il mare ride sempre con gli innocenti.

Ma che dire di coloro per i quali la vita non è un mare, e le leggi create dall'uomo non sono torri di sabbia,

Ma per i quali la vita è una roccia, e la legge uno scalpello con cui vorrebbero scolpirla a loro somiglianza?

Che dire dello storpio che odia i danzatori?

Che dire del bue che ama il giogo e ritiene l'alce e il cervo del bosco creature erranti e vagabonde?

Che dire del vecchio serpente che non può cambiare pelle, e chiama tutti gli altri nudi e senza vergogna?

E di colui che arriva presto alla festa di nozze e, sazio e stanco, se ne va dicendo che tutte le feste sono una violazione e tutti i festaioli infrangono le leggi?

Che cosa potrei dire di questi se non che anch'essi stanno nella luce del sole, ma con le spalle al sole?

Vedono solo le loro ombre, e le loro ombre sono le loro leggi.

E cos'è il sole per loro se non un generatore di ombre?

E cos'è riconoscere le leggi se non chinarsi e tracciare le loro ombre sulla terra?

Ma voi che camminate rivolti verso il sole, quali immagini disegnate sulla terra possono trattenervi?

Voi che viaggiate con il vento, quale segnavento potrà mai dirigere il vostro cammino?

Quale legge dell'uomo potrà mai legarvi se spezzate il vostro giogo senza aprire la porta della prigione di un altro uomo?

Quali leggi temerete se danzate senza inciampare contro le catene di ferro di nessuno?

E chi sarà colui che vi porterà davanti alla giustizia se strappate il vostro abito ma non lo lasciate sul sentiero di un altro uomo?

Popolo di Orphalese, potete smorzare il tamburo, e potete allentare le corde della lira, ma chi comanderà all'allodola di non cantare?

SULLA LIBERTÀ

Allora un oratore disse: Parlaci della Libertà.

Ed egli rispose:

Alle porte della città e accanto ai vostri focolari vi ho visti prostrarvi e adorare la vostra libertà,

Così come gli schiavi si umiliano davanti a un tiranno e lo lodano mentre li distrugge.

Sì, nel boschetto del tempio e all'ombra della cittadella ho visto i più liberi tra voi portare la loro libertà come un giogo e una manetta.

E il mio cuore ha sanguinato dentro di me; poiché non potrete essere liberi se non quando anche il desiderio di cercare la libertà diventa un vincolo per voi, e quando smetterete di parlare di libertà come di una meta e un compimento.

Sarete davvero liberi non quando i vostri giorni saranno privi di preoccupazioni e le vostre notti senza bisogno o dolore,

Ma piuttosto quando queste cose circonderanno la vostra vita e tuttavia vi innalzerete al di sopra di esse nudi e senza legami.

E come potrete innalzarvi oltre i vostri giorni e le vostre notti se non spezzando le catene che, al sorgere della vostra comprensione, avete legato intorno alla vostra ora di mezzogiorno?

In verità, ciò che chiamate libertà è la più forte di queste catene, benché i suoi anelli brillino al sole e abbaglino i vostri occhi.

E cos'è se non frammenti del vostro stesso sé che vorreste scartare per diventare liberi?

Se è una legge ingiusta che vorreste abolire, quella legge è stata scritta con la vostra stessa mano sulla vostra stessa fronte.

Non potete cancellarla bruciando i vostri libri di legge né lavando le fronti dei vostri giudici, anche se vi versaste sopra il mare.

E se è un despota che vorreste detronizzare, vedete prima che il suo trono eretto dentro di voi sia distrutto.

Poiché come potrà un tiranno governare i liberi e gli orgogliosi, se non per una tirannia nella loro stessa libertà e una vergogna nel loro stesso orgoglio?

E se è una preoccupazione che vorreste respingere, quel carro è stato scelto da voi piuttosto che imposto a voi.

E se è una paura che vorreste dissipare, il sedile di quella paura è nel vostro cuore e non nella mano di colui che temete.

In verità, tutte le cose si muovono dentro di voi in costante abbraccio: il desiderato e il temuto, il ripugnante e il caro, il perseguito e ciò da cui fuggite.

Queste cose si muovono dentro di voi come luci e ombre in coppie che si abbracciano.

E quando l'ombra svanisce e non è più, la luce che indugia diventa un'ombra per un'altra luce.

E così la vostra libertà, quando perde le sue catene, diventa essa stessa la catena di una libertà più grande.

SULLA RAGIONE E LA

PASSIONE

Allora la sacerdotessa parlò ancora e disse: Parlaci della Ragione e della Passione.

Ed egli rispose, dicendo:

La vostra anima è spesso un campo di battaglia, dove la vostra ragione e il vostro giudizio combattono contro la vostra passione e i vostri appetiti.

Vorrei essere il pacificatore della vostra anima, affinché possa trasformare la discordia e la rivalità dei vostri elementi in unità e melodia.

Ma come potrei farlo, se non siete voi stessi anche pacificatori, e persino amanti di tutti i vostri elementi?

La vostra ragione e la vostra passione sono il timone e le vele della vostra anima navigante.

Se le vostre vele o il vostro timone si rompono, potete solo oscillare e andare alla deriva, oppure rimanere fermi nel mezzo del mare.

Poiché la ragione, da sola al comando, è una forza che confina; e la passione, non guidata, è una fiamma che si consuma fino alla propria distruzione.

Pertanto, lasciate che la vostra anima innalzi la ragione all'altezza della passione, affinché canti;

E lasciate che diriga la passione con la ragione, affinché la vostra passione possa vivere e risorgere quotidianamente, come la fenice si innalza sopra le sue ceneri.

Vorrei che consideraste il vostro giudizio e il vostro appetito come due ospiti amati nella vostra casa.

Sicuramente non onorereste uno più dell'altro; poiché colui che è più attento a uno perde l'amore e la fiducia di entrambi.

Tra le colline, quando sedete all'ombra fresca dei pioppi bianchi, condividendo la pace e la serenità dei campi e dei prati lontani, lasciate che il vostro cuore dica in silenzio: "Dio riposa nella ragione."

E quando arriva la tempesta e il vento possente scuote la foresta, e il tuono e il lampo proclamano la maestà del cielo, lasciate che il vostro cuore dica con timore reverenziale: "Dio si muove nella passione."

E poiché siete un respiro nella sfera di Dio, e una foglia nella sua foresta, dovreste anche voi riposare nella ragione e muovervi nella passione.

SUL DOLORE

Allora una donna parlò, dicendo: Parlaci del Dolore.

Ed egli disse:

Il vostro dolore è la rottura del guscio che racchiude la vostra comprensione.

Così come il nocciolo del frutto deve rompersi affinché il suo cuore possa stare al sole, così dovete conoscere il dolore.

E se poteste mantenere il vostro cuore in stupore per i quotidiani miracoli della vostra vita, il vostro dolore non vi sembrerebbe meno meraviglioso della vostra gioia;

E accettereste le stagioni del vostro cuore, così come avete sempre accettato le stagioni che passano sui vostri campi.

E vegliereste con serenità attraverso gli inverni del vostro dolore.

Molto del vostro dolore è scelto da voi stessi.

È la pozione amara con la quale il medico dentro di voi guarisce il vostro io malato.

Perciò fidatevi del medico, e bevete il suo rimedio in silenzio e tranquillità:

Poiché la sua mano, benché pesante e dura, è guidata dalla tenera mano dell'Invisibile,

E il calice che vi porta, sebbene bruci le vostre labbra, è stato modellato dall'argilla che il Vasaio ha inumidito con le sue lacrime sacre.

SULL'AUTO-CONOSCENZA

Allora un uomo disse: Parlaci della Conoscenza di Sé.

Ed egli rispose, dicendo:

I vostri cuori conoscono in silenzio i segreti dei giorni e delle notti.

Ma le vostre orecchie bramano di udire il suono della conoscenza del vostro cuore.

Vorreste conoscere a parole ciò che avete sempre saputo nel pensiero.

Vorreste toccare con le dita il corpo nudo dei vostri sogni.

Ed è bene che lo facciate.

La fonte nascosta della vostra anima deve necessariamente sgorgare e scorrere mormorando verso il mare;

E il tesoro delle vostre profondità infinite vorrebbe essere rivelato ai vostri occhi.

Ma non mettete bilance per pesare il vostro tesoro sconosciuto;

E non scandagliate le profondità della vostra conoscenza con una canna o una corda.

Poiché il sé è un mare sconfinato e senza misura.

Non dite: "Ho trovato la verità," ma piuttosto: "Ho trovato una verità."

Non dite: "Ho trovato il sentiero dell'anima." Dite piuttosto: "Ho incontrato l'anima camminando sul mio sentiero."

Poiché l'anima cammina su tutti i sentieri.

L'anima non cammina su una linea, né cresce come una canna.

L'anima si dispiega, come un loto dai petali innumerevoli.

SULL'INSEGNAMENTO

Allora un maestro disse: Parlaci dell'Insegnamento.

Ed egli disse:

Nessun uomo può rivelarvi nulla se non ciò che già riposa in semi del vostro sapere.

Il maestro che cammina nell'ombra del tempio, tra i suoi discepoli, non dà della sua saggezza ma piuttosto della sua fede e del suo amore.

Se è veramente saggio non vi invita a entrare nella casa della sua saggezza, ma vi conduce piuttosto alla soglia della vostra mente.

L'astronomo può parlarvi della sua comprensione dello spazio, ma non può darvi la sua comprensione.

Il musicista può cantarvi del ritmo che è in tutto lo spazio, ma non può darvi l'orecchio che arresta il ritmo né la voce che lo echeggia.

E colui che è versato nella scienza dei numeri può parlarvi delle regioni del peso e della misura, ma non può condurvi là.

Poiché la visione di un uomo non presta le sue ali a un altro uomo.

E come ognuno di voi sta solo nella conoscenza di Dio, così ognuno di voi deve essere solo nella sua conoscenza di Dio e nella sua comprensione della terra.

46

SULL'AMICIZIA

Allora un giovane disse: Parlaci dell'Amicizia.

Ed egli rispose, dicendo:

Il vostro amico è il vostro bisogno soddisfatto.

È il vostro campo che seminate con amore e mietete con riconoscenza.

Ed è la vostra mensa e il vostro focolare.

Poiché a lui giungete con la vostra fame, e in lui cercate pace.

Quando l'amico vi rivela il suo pensiero, non temete il "no" nella vostra mente, né trattenete il "sì."

E quando tace, il vostro cuore non smette di ascoltare il suo cuore;

Poiché nell'amicizia, senza parole, tutti i pensieri, tutti i desideri, tutte le attese nascono e vengono condivise, con una gioia che non richiede lode.

Quando vi separate dal vostro amico, non rattristatevi;

Poiché ciò che amate di più in lui diventerà più chiaro nella sua assenza, come la montagna al viaggiatore appare più nitida dalla pianura.

E non vi sia altro scopo nell'amicizia se non l'approfondimento dello spirito.

Poiché l'amore che cerca altro che la rivelazione del proprio mistero non è amore ma una rete gettata: e solo l'inutile è preso.

E lasciate che il meglio di voi sia per il vostro amico.

Se deve conoscere il riflusso della vostra marea, lasciategli conoscere anche il suo flusso.

Poiché cos'è il vostro amico se lo cercate solo per uccidere il tempo?

Cercatelo sempre con ore da vivere.

Poiché è suo compito colmare il vostro bisogno, ma non il vostro vuoto.

E nella dolcezza dell'amicizia vi siano risate e condivisione di piaceri.

Poiché nella rugiada delle piccole cose il cuore trova il suo mattino e si rinfresca.

SUL PARLARE

Allora uno studioso disse: Parlaci del Parlare.

Ed egli rispose, dicendo:

Parlate quando non siete più in pace con i vostri pensieri;

E quando non potete più dimorare nella solitudine del vostro cuore vivete sulle vostre labbra, e il suono diventa una distrazione e un passatempo.

E in molto del vostro parlare, il pensiero è mezzo assassinato.

Poiché il pensiero è un uccello dello spazio, che in una gabbia di parole può sì dispiegare le ali ma non può volare.

Vi sono tra voi quelli che cercano i loquaci per paura di essere soli.

Il silenzio della solitudine rivela ai loro occhi il loro io nudo e vorrebbero fuggire.

E vi sono quelli che parlano, e senza consapevolezza o premeditazione rivelano una verità che essi stessi non comprendono.

E vi sono quelli che possiedono la verità dentro di sé, ma non la esprimono in parole.

Nel petto di tali persone lo spirito dimora in un silenzio ritmico.

Quando incontrate il vostro amico sulla strada o nella piazza del mercato, lasciate che lo spirito dentro di voi muova le vostre labbra e guidi la vostra lingua.

Lasciate che la voce nella vostra voce parli all'orecchio del suo orecchio;

Poiché la sua anima conserverà la verità del vostro cuore come il sapore del vino è ricordato

Quando il colore è dimenticato e il calice non c'è più.

SUL TEMPO

Allora un astronomo disse: Maestro, parlaci del Tempo.

Ed egli rispose:

Vorreste misurare il tempo, l'incommensurabile e l'immisurabile.

Vorreste adeguare il vostro comportamento e dirigere persino il corso del vostro spirito secondo le ore e le stagioni.

Del tempo vorreste fare un fiume sulle cui sponde sedervi a osservare il suo fluire.

Eppure l'eterno che è in voi è consapevole dell'eternità della vita,

E sa che il ieri non è che il ricordo dell'oggi e il domani è il sogno dell'oggi.

E che ciò che canta e contempla in voi dimora ancora entro i confini di quel primo momento che sparse le stelle nello spazio.

Chi tra voi non sente che il suo potere di amare è senza limiti?

Eppure chi non sente che lo stesso amore, benché senza limiti, è racchiuso al centro del proprio essere,

E non si muove da un pensiero d'amore all'altro né da un atto d'amore all'altro?

E non è forse il tempo come l'amore, indiviso e senza ritmo?

Ma se nel vostro pensiero dovete misurare il tempo in stagioni, lasciate che ogni stagione racchiuda tutte le altre stagioni,

E lasciate che l'oggi abbracci il passato con il ricordo e il futuro con il desiderio.

SUL BENE E SUL MALE

Allora uno degli anziani della città disse: Parlaci del Bene e del Male.

Ed egli rispose:

Del bene che è in voi posso parlare, ma non del male.

Poiché che cos'è il male se non il bene torturato dalla sua stessa fame e sete?

In verità, quando il bene ha fame, cerca cibo anche nelle caverne oscure, e quando ha sete, beve persino da acque morte.

Siete buoni quando siete in armonia con voi stessi.

Eppure quando non siete in armonia con voi stessi, non siete cattivi.

Poiché una casa divisa non è un covo di ladri; è solo una casa divisa.

E una nave senza timone può vagare senza meta tra isole pericolose, ma non affonda.

Siete buoni quando cercate di donare di voi stessi.

Eppure non siete cattivi quando cercate guadagno per voi stessi.

Poiché quando cercate guadagno, non siete altro che una radice che si aggrappa alla terra e succhia il suo nutrimento.

Sicuramente il frutto non può dire alla radice: "Sii come me, matura e piena e sempre pronta a donare la tua abbondanza."

Poiché al frutto donare è un bisogno, così come ricevere è un bisogno per la radice.

Siete buoni quando siete pienamente svegli nel vostro parlare,

Eppure non siete cattivi quando dormite mentre la vostra lingua vacilla senza scopo.

E anche il discorso che vacilla può rafforzare una lingua debole.

Siete buoni quando camminate verso il vostro obiettivo con passi fermi e sicuri.

Eppure non siete cattivi quando andate zoppicando verso di esso.

Anche coloro che zoppicano non vanno indietro.

Ma voi che siete forti e veloci, guardate di non zoppicare davanti agli zoppi credendo che sia gentilezza.

Siete buoni in innumerevoli modi, e non siete cattivi quando non siete buoni,

Siete solo pigri e indolenti.

Peccato che i cervi non possano insegnare velocità alle tartarughe.

Nel vostro desiderio del vostro sé gigante risiede la vostra bontà: e quel desiderio è in tutti voi.

Ma in alcuni di voi quel desiderio è un torrente che corre con forza verso il mare, portando con sé i segreti dei pendii e i canti della foresta.

E in altri è un ruscello piatto che si perde in angoli e curve e si attarda prima di raggiungere la riva.

Ma non lasciate che colui che desidera molto dica a colui che desidera poco: "Perché sei lento e incerto?"

Poiché il veramente buono non chiede al nudo: "Dove è la tua veste?" né al senzatetto: "Che cosa è accaduto alla tua casa?"

SULLA PREGHIERA

Allora una sacerdotessa disse: Parlaci della Preghiera.

Ed egli rispose, dicendo:

Pregate nella vostra afflizione e nel vostro bisogno; vorrei che pregaste anche nella pienezza della vostra gioia e nei giorni della vostra abbondanza.

Poiché cos'è la preghiera se non l'espansione di voi stessi nell'etere vivente?

E se è per la vostra consolazione versare la vostra oscurità nello spazio, è anche per la vostra delizia riversarvi l'aurora del vostro cuore.

E se non potete che piangere quando la vostra anima vi chiama alla preghiera, essa dovrebbe spingervi ancora e ancora, piangendo, finché non giungiate ridendo.

Quando pregate vi elevate per incontrare nell'aria coloro che stanno pregando in quel momento, e che salvo nella preghiera non potreste incontrare.

Perciò lasciate che la vostra visita a quel tempio invisibile sia solo estasi e dolce comunione.

Poiché se entrate in quel tempio per altro scopo che chiedere, non riceverete;

E se vi entrate per umiliarvi, non sarete innalzati;

O anche se vi entrate per implorare il bene degli altri, non sarete ascoltati.

È sufficiente che entriate nel tempio invisibile.

Non posso insegnarvi come pregare con le parole.

Dio non ascolta le vostre parole se non quando Egli stesso le pronuncia attraverso le vostre labbra.

E non posso insegnarvi la preghiera dei mari, delle foreste e delle montagne.

Ma voi, nati dalle montagne, dalle foreste e dai mari, potete trovare la loro preghiera nei vostri cuori,

E se solo ascoltate nella quiete della notte li sentirete dire in silenzio:

"Nostro Dio, che sei il nostro io alato, è la tua volontà in noi che vuole.

È il tuo desiderio in noi che desidera.

È il tuo impulso in noi che vorrebbe trasformare le nostre notti, che sono le tue, in giorni che sono tuoi anche essi.

Non possiamo chiederti nulla, poiché tu conosci i nostri bisogni prima che nascano in noi.

Tu sei il nostro bisogno; e donandoci più di te stesso ci hai dato tutto."

SUL PIACERE

Allora un eremita, che visitava la città una volta l'anno, si fece avanti e disse: Parlaci del Piacere.

Ed egli rispose, dicendo:

Il piacere è un canto di libertà,
Ma non è libertà.
È il fiorire dei vostri desideri,
Ma non il loro frutto.
È un abisso che chiama un'altura,
Ma non è né l'abisso né l'altura.
È l'uccello in gabbia che si libra in volo,
Ma non è il cielo spalancato.

Sì, in verità, il piacere è un canto di libertà.
E vorrei che lo cantaste con pienezza di cuore; eppure non vorrei che perdeste i vostri cuori nel canto.

Alcuni dei vostri giovani cercano il piacere come se fosse tutto, e vengono giudicati e rimproverati.
Io non li giudicherei né li rimprovererei. Vorrei che cercassero.
Poiché troveranno piacere, ma non solo quello;

Sette sono le sue sorelle, e la meno amata è più bella del piacere stesso.

Non avete forse sentito dell'uomo che scavava nella terra alla ricerca di radici e trovò un tesoro?

E alcuni dei vostri anziani ricordano i piaceri con rimpianto, come se fossero stati errori commessi in stato di ebbrezza.

Ma il rimpianto è l'annebbiamento della mente, non il suo castigo.

Dovrebbero ricordare i loro piaceri con gratitudine, come farebbero con il raccolto di un'estate.

Eppure, se li conforta il rimpianto, siano confortati.

E vi sono tra voi coloro che non sono né giovani per cercare né vecchi per ricordare;

E nella loro paura di cercare e ricordare evitano ogni piacere, per non trascurare lo spirito o offendere contro di esso.

Ma anche nel loro rinunciare trovano il loro piacere.

E così anch'essi scoprono un tesoro, pur scavando per radici con mani tremanti.

Ma ditemi, chi può offendere lo spirito?

Può l'usignolo offendere la quiete della notte, o la lucciola le stelle?

E può la vostra fiamma o il vostro fumo gravare sul vento?

Spesso, negandovi il piacere, non fate altro che conservarne il desiderio nei recessi del vostro essere.

Chi sa, forse ciò che oggi sembra omesso, aspetta il domani.

Anche il vostro corpo conosce la sua eredità e il suo bisogno legittimo e non si lascerà ingannare.

E il vostro corpo è l'arpa della vostra anima,

Ed è vostro compito trarne dolce musica o suoni confusi.

E ora vi chiedete nel vostro cuore: "Come possiamo distinguere ciò che è buono nel piacere da ciò che non è buono?"

Andate nei vostri campi e nei vostri giardini, e imparerete che è il piacere dell'ape raccogliere il miele del fiore,

Ma è anche il piacere del fiore cedere il suo miele all'ape.

Per l'ape il fiore è una fonte di vita,

E per il fiore l'ape è una messaggera d'amore,

E per entrambi, ape e fiore, dare e ricevere piacere è una necessità e un'estasi.

Popolo di Orphalese, siate nei vostri piaceri come i fiori e le api.

SULLA BELLEZZA

Allora un poeta disse: Parlaci della Bellezza.

Ed egli rispose:

Dove cercherete la bellezza, e come la troverete, se essa stessa non sarà la vostra via e la vostra guida?

E come ne parlerete, se essa non sarà il tessitore del vostro discorso?

I feriti e gli oppressi dicono: "La bellezza è gentile e mite.

Come una giovane madre, timida della propria gloria, cammina tra noi."

E i passionali dicono: "No, la bellezza è una cosa potente e terribile.

Come la tempesta, scuote la terra sotto di noi e il cielo sopra di noi."

Gli stanchi e gli esausti dicono: "La bellezza è un sussurro dolce. Parla al nostro spirito.

La sua voce cede ai nostri silenzi, come una luce tremula che teme l'ombra."

Ma i senza riposo dicono: "L'abbiamo sentita gridare tra le montagne,

E con i suoi gridi veniva il rumore di zoccoli, il battere di ali e il ruggito dei leoni."

Di notte le sentinelle della città dicono: "La bellezza sorgerà con l'alba dall'oriente."

E a mezzogiorno i viandanti e i lavoratori dicono: "L'abbiamo vista piegarsi sulla terra dalle finestre del tramonto."

In inverno, i prigionieri della neve dicono: "Verrà con la primavera, saltando sui colli."

E nella calura estiva i mietitori dicono: "L'abbiamo vista danzare con le foglie d'autunno, e abbiamo visto un velo di neve nei suoi capelli."

Tutte queste cose avete detto della bellezza,

Eppure in verità non parlate di lei ma di bisogni insoddisfatti,

E la bellezza non è un bisogno ma un'estasi.

Non è una bocca assetata né una mano vuota tesa,

Ma piuttosto un cuore infiammato e un'anima incantata.

Non è l'immagine che vorreste vedere né il canto che vorreste udire,

Ma piuttosto un'immagine che vedete pur chiudendo gli occhi e un canto che udite pur tappandovi le orecchie.

Non è la linfa sotto la corteccia rugosa, né un'ala attaccata a un artiglio,

Ma piuttosto un giardino sempre in fiore e uno stormo di angeli sempre in volo.

Popolo di Orphalese, la bellezza è la vita quando la vita svela il suo sacro volto.

Ma voi siete la vita e voi siete il velo.

La bellezza è l'eternità che si guarda allo specchio.

Ma voi siete l'eternità e voi siete lo specchio.

SULLA RELIGIONE

Allora un vecchio sacerdote disse: Parlaci della Religione.

Ed egli disse:

Ho forse parlato oggi di altro?

Non è forse la religione ogni azione e ogni riflessione,

E ciò che non è né azione né riflessione, ma una meraviglia e una sorpresa che continuamente sgorga nell'anima, anche mentre le mani scolpiscono la pietra o filano al telaio?

Chi può separare la propria fede dalle proprie azioni, o le proprie credenze dalle proprie occupazioni?

Chi può distendere le ore davanti a sé dicendo: "Questa è per Dio e questa per me stesso; questa per la mia anima e quest'altra per il mio corpo"?

Tutte le vostre ore sono ali che battono attraverso lo spazio da sé a sé.

E colui che indossa la propria moralità come il suo abito migliore farebbe meglio a stare nudo.

Il vento e il sole non faranno buchi nella sua pelle.

E colui che definisce la propria condotta con l'etica imprigiona il suo uccello canoro in una gabbia.

Il canto più libero non passa attraverso sbarre e fili.

E a colui per il quale adorare è una finestra, da aprire ma anche da chiudere, non ha ancora visitato la casa della propria anima le cui finestre si aprono da alba ad alba.

La vostra vita quotidiana è il vostro tempio e la vostra religione.

Ogni volta che vi entrate, portate con voi tutto ciò che possedete.

Portate il vostro aratro e la vostra forgia, il vostro martello e il vostro liuto,

Le cose che avete foggiato per necessità o per diletto.

Poiché in riverenza non potete elevarvi al di sopra delle vostre realizzazioni né cadere al di sotto dei vostri fallimenti.

E portate con voi tutti gli uomini:

Poiché nell'adorazione non potete volare più in alto delle loro speranze né abbassarvi più in basso delle loro disperazioni.

E se desiderate conoscere Dio, non siate dunque risolutori di enigmi.

Guardate piuttosto intorno a voi e lo vedrete giocare con i vostri figli.

E guardate nello spazio; lo vedrete camminare sulla nube, stendere le sue braccia nel fulmine e discendere con la pioggia.

Lo vedrete sorridere nei fiori, poi alzarsi e agitare le sue mani negli alberi.

SULLA MORTE

Allora Almitra parlò, dicendo: Ora vorremmo chiederti della Morte.

Ed egli disse:

Vorresti conoscere il segreto della morte.

Ma come potresti scoprirlo se non cercandolo nel cuore della vita?

Il gufo i cui occhi notturni sono ciechi al giorno non può svelare il mistero della luce.

Se davvero desideri contemplare lo spirito della morte, apri il tuo cuore vastamente al corpo della vita.

Poiché vita e morte sono una cosa sola, proprio come il fiume e il mare sono una cosa sola.

Nella profondità delle vostre speranze e dei vostri desideri risiede la vostra silenziosa conoscenza dell'aldilà;

E come semi che sognano sotto la neve, il vostro cuore sogna la primavera.

Confidate nei sogni, poiché in essi è nascosta la porta dell'eternità.

La vostra paura della morte non è forse il tremore del pastore quando sta davanti al re la cui mano deve essere posta su di lui in onore?

Non è forse lieto il pastore sotto il suo tremore, perché indosserà il segno del re?

Eppure non è più consapevole del suo tremore?

Poiché cos'è morire se non stare nudi nel vento e dissolversi nel sole?

E cos'è cessare di respirare se non liberare il respiro dalle sue incessanti maree, affinché possa innalzarsi ed espandersi e cercare Dio senza vincoli?

Solo quando berrete dal fiume del silenzio, allora canterete davvero.

E quando sarete giunti alla sommità della montagna, allora comincerete a salire.

E quando la terra avrà reclamato i vostri arti, allora danzerete davvero.

L'ADDIO

E ora era sera.

E Almitra la veggente disse: Benedetto sia questo giorno e questo luogo e il tuo spirito che ha parlato.

Ed egli rispose: Sono stato io a parlare? Non ero anch'io un ascoltatore?

Poi discese i gradini del Tempio e tutto il popolo lo seguì. E giunse alla sua nave e si fermò sul ponte.

E rivolto ancora al popolo, alzò la voce e disse:

Popolo di Orphalese, il vento mi chiama a lasciarvi.

Meno impetuoso sono io del vento, eppure devo andare.

Noi, erranti, sempre alla ricerca della via più solitaria, non cominciamo mai un giorno dove ne abbiamo finito un altro; e nessun'alba ci trova dove il tramonto ci ha lasciati.

Anche mentre la terra dorme, noi viaggiamo.

Siamo i semi della pianta tenace, e nella nostra maturità e pienezza di cuore siamo affidati al vento e sparsi.

Brevi furono i miei giorni tra voi, e ancor più brevi le parole che vi ho detto.

Ma se la mia voce svanirà nelle vostre orecchie, e il mio amore si dissolverà nella vostra memoria, allora tornerò di nuovo,

E con un cuore più ricco e labbra più arrendevoli allo spirito parlerò.

Sì, tornerò con la marea,

E benché la morte possa nascondermi, e il silenzio più grande avvolgermi, ancora cercherò la vostra comprensione.

E non invano la cercherò.

Se qualcosa di ciò che ho detto è verità, quella verità si rivelerà con una voce più chiara, e in parole più vicine ai vostri pensieri.

Io vado con il vento, popolo di Orphalese, ma non scenderò nel vuoto;

E se questo giorno non è il compimento dei vostri bisogni e del mio amore, allora lasciate che sia una promessa fino a un altro giorno.

I bisogni dell'uomo cambiano, ma non il suo amore, né il desiderio che il suo amore soddisfi i suoi bisogni.

Sappiate dunque, che dal più grande silenzio tornerò.

La nebbia che si dissolve all'alba, lasciando solo rugiada nei campi, si solleverà e si radunerà in una nuvola, e poi cadrà in pioggia.

E non diversamente dalla nebbia sono stato io.

Nella quiete della notte ho camminato per le vostre strade, e il mio spirito è entrato nelle vostre case,

E i vostri battiti erano nel mio cuore, e il vostro respiro era sul mio volto, e vi conoscevo tutti.

Sì, conoscevo la vostra gioia e il vostro dolore, e nel vostro sonno i vostri sogni erano i miei sogni.

E spesso sono stato tra voi come un lago tra le montagne.

Ho riflesso le vostre vette e i vostri pendii curvi, e persino le greggi erranti dei vostri pensieri e dei vostri desideri.

E al mio silenzio giungevano le risate dei vostri figli come ruscelli, e il desiderio dei vostri giovani come fiumi.

E quando raggiunsero la mia profondità, i ruscelli e i fiumi non cessarono ancora di cantare.

Ma venne a me qualcosa di ancora più dolce delle risate e più grande del desiderio.

Era l'infinito in voi;

L'uomo vasto in cui voi tutti siete solo cellule e fibre;

Colui nel cui canto tutto il vostro cantare è solo un muto pulsare.

È in quest'uomo vasto che siete vasti,

Ed è contemplandolo che vi ho contemplati e amati.

Poiché quali distanze può raggiungere l'amore che non siano in quella sfera vasta?

Quali visioni, quali aspettative e quali presunzioni possono superare quel volo?

Come una grande quercia ricoperta di fiori di melo è l'uomo vasto in voi.

La sua forza vi lega alla terra, il suo profumo vi solleva nello spazio, e nella sua durevolezza siete immortali.

Vi è stato detto che, proprio come una catena, siete deboli quanto il vostro anello più debole.

Questo è solo metà della verità. Siete anche forti quanto il vostro anello più forte.

Misurarvi dalla vostra più piccola azione è valutare la potenza dell'oceano dalla fragilità della sua schiuma.

Giudicarvi dai vostri fallimenti è biasimare le stagioni per la loro incostanza.

Sì, siete come un oceano,

E benché navi ancorate attendano la marea sulle vostre rive, ancora, come un oceano, non potete affrettare le vostre maree.

E siete come le stagioni,

E benché nel vostro inverno neghiate la vostra primavera,

Ancora la primavera, riposando dentro di voi, sorride nella sua sonnolenza e non si offende.

Non pensate che io dica queste cose affinché possiate dire l'uno all'altro: "Ci ha elogiati bene. Ha visto solo il bene in noi."

Vi parlo solo in parole di ciò che voi stessi conoscete nel pensiero.

E che cos'è la conoscenza in parole se non un'ombra della conoscenza senza parole?

I vostri pensieri e le mie parole sono onde da una memoria sigillata che conserva i ricordi dei nostri ieri,

E dei giorni antichi in cui la terra non conosceva noi né se stessa,

E delle notti in cui la terra era travagliata di confusione.

Saggi sono venuti a voi per darvi la loro saggezza. Io sono venuto per prendere la vostra saggezza:

Ed ecco, ho trovato ciò che è più grande della saggezza.

È uno spirito di fiamma in voi che raccoglie sempre più di sé,

Mentre voi, incuranti della sua espansione, piangete il trascorrere dei vostri giorni.

Non vi sono tombe qui.

Queste montagne e pianure sono una culla e un trampolino di lancio.

Ogni volta che passate accanto al campo dove avete sepolto i vostri antenati, guardatelo bene, e vedrete voi stessi e i vostri figli danzare mano nella mano.

In verità spesso vi rallegrate senza saperlo.

Altri sono venuti a voi ai quali, per promesse dorate fatte alla vostra fede, avete dato solo ricchezze e potere e gloria.

Io vi ho dato meno di una promessa, eppure siete stati più generosi con me.

Mi avete dato la mia sete più profonda di vita.

Sicuramente non vi è dono più grande per un uomo di quello che trasforma tutti i suoi scopi in labbra arse e tutta la vita in una fonte.

E in questo risiede il mio onore e la mia ricompensa,

Che ogni volta che vengo alla fonte per bere trovo l'acqua viva stessa assetata;

E mentre bevo, essa mi beve.

Alcuni di voi mi hanno considerato orgoglioso e troppo schivo per accettare doni.

Troppo orgoglioso, in verità, sono per accettare compensi, ma non doni.

E benché abbia mangiato bacche tra le colline quando avreste voluto che sedessi alla vostra tavola,

E abbia dormito sotto il portico del tempio quando volentieri mi avreste offerto rifugio,

Non è stato forse il vostro amorevole ricordo dei miei giorni e delle mie notti a rendere dolce il cibo alla mia bocca e a circondare il mio sonno di visioni?

Per questo vi benedico soprattutto:

Donate molto senza sapere di donare affatto.

In verità, la gentilezza che si contempla allo specchio si trasforma in pietra,

E una buona azione che si chiama con nomi teneri diventa genitrice di una maledizione.

E alcuni di voi mi hanno chiamato distante, ubriaco della mia solitudine,

E avete detto: "Consiglia gli alberi della foresta, ma non gli uomini.

Siede da solo sulle alture e guarda in basso verso la nostra città."

È vero che ho scalato le alture e camminato in luoghi remoti.

Come avrei potuto vedervi se non da una grande altezza o da una grande distanza?

Come può uno essere davvero vicino se non è lontano?

E altri tra voi mi hanno chiamato, non in parole, e hanno detto:

"Straniero, straniero, amante di altezze irraggiungibili, perché dimori tra le vette dove le aquile costruiscono i loro nidi?

Perché cerchi l'irraggiungibile?

Quali tempeste cercheresti di intrappolare nella tua rete,

E quali uccelli vaporosi cacci nel cielo?

Vieni e sii uno di noi.

Discendi e placa la tua fame con il nostro pane e spegni la tua sete con il nostro vino."

Nella solitudine delle loro anime dissero queste cose;

Ma se la loro solitudine fosse stata più profonda, avrebbero saputo che cercavo solo il segreto della vostra gioia e del vostro dolore,

E che cacciavo solo il vostro sé più grande che cammina nel cielo.

Ma il cacciatore era anche il cacciato;

Poiché molte delle mie frecce lasciarono il mio arco solo per cercare il mio stesso petto.

E il volatore era anche il camminatore;

Poiché quando le mie ali si distendevano al sole, la loro ombra sulla terra era una tartaruga.

E io, il credente, ero anche il dubbioso;

Poiché spesso ho messo il dito nella mia ferita per avere una fede maggiore in voi e una conoscenza maggiore di voi.

Ed è con questa fede e questa conoscenza che vi dico,

Non siete racchiusi nei vostri corpi, né confinati in case o campi.

Ciò che siete dimora sopra la montagna e vaga con il vento.

Non è una cosa che si trascina al sole per riscaldarsi, né scava buche nell'oscurità per sicurezza,

Ma una cosa libera, uno spirito che avvolge la terra e si muove nell'etere.

Se queste parole sono vaghe, non cercate di chiarirle.

Vago e nebuloso è l'inizio di tutte le cose, ma non la loro fine,

E vorrei che mi ricordaste come un inizio.

La vita, e tutto ciò che vive, è concepita nella nebbia e non nel cristallo.

E chi sa, forse un cristallo non è altro che nebbia in declino?

Questo vorrei che ricordaste, ricordando me:

Che ciò che sembra più debole e confuso in voi è il più forte e determinato.

Non è forse il vostro respiro che ha eretto e indurito la struttura delle vostre ossa?

E non è forse un sogno che nessuno di voi ricorda di aver sognato ad aver costruito la vostra città e creato tutto ciò che è in essa?

Se solo poteste vedere le maree di quel respiro smettereste di vedere ogni altra cosa,

E se solo poteste udire il mormorio di quel sogno non sentireste altro suono.

Ma non vedete, né udite, ed è bene così.

Il velo che oscura i vostri occhi sarà sollevato dalle mani che lo hanno tessuto,

E l'argilla che ostruisce le vostre orecchie sarà perforata da quelle dita che l'hanno impastata.

E vedrete.

E udrete.

Eppure non deplorerete di aver conosciuto la cecità, né rimpiangerete di essere stati sordi.

Poiché in quel giorno conoscerete i fini nascosti in tutte le cose,

E benedirete le tenebre come benedite la luce.

Dopo aver detto queste cose, guardò intorno a sé, e vide il pilota della sua nave che stava accanto al timone, ora guardando le vele gonfie, ora la distanza.

E disse:

Paziente, troppo paziente, è il capitano della mia nave.

Il vento soffia, e irrequiete sono le vele;

Persino il timone chiede direzione;

Eppure il mio capitano attende in silenzio.

E questi miei marinai, che hanno udito il coro del mare più grande, hanno anche ascoltato me con pazienza.

Ora non attenderanno più.

Sono pronto.

Il torrente ha raggiunto il mare, e ancora una volta la grande madre stringe il figlio al suo seno.

Addio, popolo di Orphalese.

Questo giorno è finito.

Si sta chiudendo su di noi come il fiore di loto sul suo domani.

Ciò che ci è stato dato qui, lo custodiremo,

E se non sarà sufficiente, allora ancora ci riuniremo e insieme tenderemo le mani verso chi dona.

Non dimenticate che tornerò a voi.

Fra poco, e il mio desiderio raccoglierà polvere e schiuma per un altro corpo.

Fra poco, un momento di riposo nel vento, e un'altra donna mi darà alla luce.

Addio a voi e alla giovinezza che ho trascorso con voi.

Era solo ieri che ci siamo incontrati in un sogno.

Mi avete cantato nella mia solitudine, e io dei vostri desideri ho costruito una torre nel cielo.

Ma ora il nostro sonno è fuggito e il nostro sogno è finito, e non è più l'alba.

Il mezzogiorno è su di noi e il nostro mezzo risveglio si è trasformato in giorno pieno, e dobbiamo separarci.

Se nel crepuscolo del ricordo ci incontreremo di nuovo, parleremo ancora insieme e voi mi canterete un canto più profondo.

E se le nostre mani si incontreranno in un altro sogno, costruiremo un'altra torre nel cielo.

Così dicendo fece un cenno ai marinai, e immediatamente sollevarono l'ancora e liberarono la nave dagli ormeggi, e si mossero verso oriente.

E un grido si levò dal popolo come da un unico cuore, e si alzò nel crepuscolo e fu portato sul mare come un grande squillo di tromba.

Solo Almitra rimase in silenzio, fissando la nave finché non fu svanita nella nebbia.

E quando tutto il popolo si fu disperso, lei restò ancora sola sulla muraglia del mare, ricordando nel suo cuore le sue parole:

"Fra poco, un momento di riposo nel vento, e un'altra donna mi darà alla luce."

9 789899 824713